BEI GRIN MACHT SICH IHR
WISSEN BEZAHLT

- Wir veröffentlichen Ihre Hausarbeit,
  Bachelor- und Masterarbeit

- Ihr eigenes eBook und Buch -
  weltweit in allen wichtigen Shops

- Verdienen Sie an jedem Verkauf

Jetzt bei www.GRIN.com hochladen
und kostenlos publizieren

Brigitte Winklbauer

Der Film "Perinbaba". Frau Holle jenseits von Grimms Märchen

GRIN Verlag

Bibliografische Information der Deutschen Nationalbibliothek:

Die Deutsche Bibliothek verzeichnet diese Publikation in der Deutschen National-
bibliografie; detaillierte bibliografische Daten sind im Internet über http://dnb.d-
nb.de/ abrufbar.

Impressum:

Copyright © 2012 GRIN Verlag GmbH
Druck und Bindung: Books on Demand GmbH, Norderstedt Germany
ISBN: 978-3-656-75731-3

Dieses Buch bei GRIN:

http://www.grin.com/de/e-book/281516/der-film-perinbaba-frau-holle-jenseits-von-
grimms-maerchen

ÜBUNGSARBEIT

Ein Analyse der filmischen Darstellung von

Frau Holle (Originaltitel: Perinbaba)

28.09.2012

Inhaltsverzeichnis

1. Einleitung

Im Folgenden gehe ich auf eine Märchen-Verfilmung von Frau Holle näher ein, die als Grundlage die Interpretation von Wilhelm Grimm angibt (vgl. Web: Frau Holle) aber in ihrer Repräsentation erheblich von dieser abweicht. Der *Mythmaker*, Juraj Jakubisko (Regie), bringt eine männliche Figur, Jakub, bei Frau Holle als Handlungsträger ein, der sich in ein Mädchen namens Elisabeth auf der Erde verliebt und ihr in schwierigen Zeiten zur Seite stehen will. Ebenso spielt neben Frau Holle noch eine weitere magische Figur eine Rolle: Frau Hippe, die Sensenfrau oder auch „Gevӓterin Tod" genannt. Dann gibt es noch den „Prinzipal", ein angehöriger eines Wanderzirkus, der fliegen und in die Zukunft blicken kann. Die Handlungsträgerinnen, die böse Stiefmutter und ihre Tochter Dora, sind genauso vom Grimm-Märchen übernommen worden wie ihr Ende.

Besonders interessant finde ich den Frau Holle-Mythos abseits der Gebrüder Grimm-Darstellung, da es rund um diese Handlungsträgerin viel mehr Geschichten und Volkserzählungen gibt, wobei das Märchen von der Goldmarie und der Pechmarie nur einen winzig kleinen Teil der Berichte von einer Frau Holle, Frau Hel, Perchta oder Holda – um nur einige Namen zu nennen – ausmacht. So hat zum Beispiel Karl Paetow eine Sammlung von Volkssagen und Märchen rund um Frau Holle herausgebracht, die er „(..) unter Heranziehung verschiedener Quellen sowie mündlicher Überlieferung (..)" darlegt. (Paetow 1964). Dr. Viktor Waschnitius meint dazu in seiner Abhandlung zu diesem Thema: „Unter den mythischen Gestalten des deutschen Volksglaubens, die J. Grimm und die auf ihn folgende mythologische Forschung ans Licht gebracht haben, ist Holda, meist als Frau Holle, am lebhaftesten in das Bewußtsein unseres Volkes aufgenommen worden." (Waschnitius 1913:9). Heide Göttner-Abendroth nahm diese beiden Werke als Grundlage für ihre Forschung bezüglich der großen Göttinnen-Mythen und erzählt und interpretiert in ihrem Werk die Geschichte des Göttinnen-Mythos in Mitteleuropa neu, um auf eine matriarchale Zeit vor der Christianisierung Europas aufmerksam zu machen bzw. eine solche Theorie zu begründen. (vgl. Göttner-Abendroth 2005)

2. Frau Holle

Auf der Erde herrscht tiefster Winter. Frau Hippe, „Gevâterin Tod", treibt ihr Unwesen und freut sich über die durch eine Lawine tödlich Verunglückten, als sie bemerkt, dass ein kleiner Junge das Unglück überlebt hat. Jakub sitzt in einem Schlitten, fasst sie an der Nase und lacht dabei schelmisch. Frau Holle beobachtet das Geschehen durch ihre Fernrohr und beschließt, dass sie so einen gewitzten Buben gut gebrauchen kann. Sie holt sich Jakub zu sich in ihr Reich und rettet ihn so vor dem sicheren Tod.

Dort wird Jakub in sämtliche Geheimnisse des Wettermachens sowie in den Kreislauf des Jahres und des Lebens der Menschen eingeweiht. Er hilft Frau Holle beim Schnee machen, indem er mit ihr in das Federbett springt, bis es auf der Erde schneit. Das Orgelspiel von Frau Holle macht den Wind. Er lernt, wie er Eisblumen an den Fensterscheiben der Menschen "wachsen" lassen und wie er einen Regenbogen am Horizont zaubern kann. Auch sonst erklärt Frau Holle ihm, wie gut er es hat, dass er kein Mensch mehr ist, denn *"Menschen sterben"* (Film: Frau Holle).

Durch Frau Holles Zauberkugel kann Jakub die Menschen auf der Erde beobachten. Am liebsten sieht er Elisabeth, einem kleinen Mädchen, beim heranwachsen zu. Manchmal lässt er zu ihrer Freude Eisblumen am Fenster wachsen oder er schickt ihr einen Regenbogen, um sie in traurigen Zeiten aufzumuntern. Oder aber er ärgert sie, in dem er sie mit einem Schneeball mitten im Frühling bewirft. Die Jahre vergehen und als die Mutter des Mädchens stirbt und eine neue (Stief-)Mutter und Schwester ihr das Leben schwer machen, beschließt Jakub, zurück auf die Erde zu gehen, um Elisabeth zu heiraten. Dies sehr zum Missfallen von Frau Holle, denn diese möchte Jakub gerne für immer bei sich behalten. Deshalb verabreicht Jakub, der in Frau Holle´s zeitlosem Reich nicht mehr gewachsen ist und immer noch im Körper eines kleinen Jungen steckt, ihr ein Schlafmittel, stiebitzt ihr den Schlüssel zum verbotenen Turm, der das Tor zur menschlichen Welt darstellt und macht sich mit ihrem ewigen Bettbezug als Transportmittel auf die Erde davon. Auf dieser Reise holt ihn die Zeit ein; er wächst bis er schließlich als erwachsener Mann auf der Erde ankommt.

Dort geht er als Knecht in den Dienst von Elisabeth´s Vater, um sie vor den Gemeinheiten und der harten Arbeit, die ihr von der Stiefverwandtschaft aufgetragen wird, zu schützen. Er erweist sich als sehr geschickt bei seiner Arbeit und bringt der Familie Glück und Reichtum. Deshalb beschließt die Stiefmutter, ihre Tochter Dora mit Jakub zu vermählen, der allerdings kein Interesse daran zeigt. Gemeinsam hecken die beiden Stiefverwandten von Elisabeth einen gemeinen Plan aus, um Elisabeth aus dem Weg zu räumen und den glücksbringenden Jakub mit Dora zu verheiraten. Letzten Endes siegt mit Hilfe von Frau Holle doch noch das Gute. Jakub und Elisabeth heiraten und Dora und ihre Mutter landen nach einer Flucht mit dem Geld aus der Gemeindekasse im Pech-Teich von Frau Hippe. (vgl. Frau Holle/Perin-baba 1985)

3. Analyse

Ob es sich bei den Erzählungen von Frau Holle um ein Märchen oder eine Mythe handelt, ist schwer zu kategorisieren. Wiliam Bascom beschreibt Märchen als „(..) *Erzählungen, die als erfunden und imaginär erachtet werden.*" Mythen hingegen, „(..) *sind Erzählungen, die als wahrhaftige Berichte über Ereignisse gelten, die sich in der Vergangenheit zugetragen haben.*" (Mader 2008:17). Aber „*[a myth] is a story that is part of a larger group of stories*" (Doninger 1998:2), was auf die Frau Holle-Erzählungen absolut zutrifft. Ich denke, dass bei der folgenden Analyse die Kategorisierung der Erzählung nicht unbedingt von Bedeutung ist, deshalb lasse ich diese dahingestellt.

3.1 Frau Holle und die Natur

Der Aspekt der Natur im Film Frau Holle spielt eine ganz wesentliche Rolle. Frau Holle gilt als Wettermacherin oder als Herrin über die Jahreszeiten, wobei ihr laut dem englischen Titel des Filmes der Winter zugeordnet wird (Lady Winter, vgl. Web: Perinbaba). Sie sorgt dafür, dass im Winter die Erde den nötigen Schutz (Schnee) erhält, damit sich diese ausruhen kann. Im Film wird dargestellt, wie sie mit Hilfe ihres Bettbezuges Schnee erzeugen kann, es regnen lassen kann und durch ihr himmlisches Orgelspiel lenkt sie den Wind. Sie kann Eisblumen an den Fenstern der Menschen wachsen lassen und Regenbögen am Himmel erzeugen. Im Frühling lässt sie es wärmer werden, damit der Schnee schmilzt und die Natur zu neuem Leben erwacht. Bis zum nächsten Winter legt sie sich dann zum Schlafen nieder. Laut der These der naturmythologischen Schule des 19. und 20. Jahrhundert sind Mythen Metaphern für natürliche Prozesse (vgl. Mader 2008:40). Max Müller meinte dazu, dass Mythen Naturphänomene erklären sollen und dieser Erklärungsversuch die zentrale Aussage des Mythos darstellt. (vgl. Mader 2008:41). Im Fall von Frau Holle trifft dies wohl zu.

Frau Holles Residenz liegt in den Bergen oder über den Bergen im Himmel. Dort herrscht Zeitlosigkeit und die Ewigkeit. Es handelt sich um einen magischen Raum, der sich von dem der Menschen durch seine Eigenschaften abhebt. Durch ihre magische Glaskugel kann sie das Treiben auf der Erde beobachten. Diese ist das Fenster in eine andere Welt. Als Tor in die Menschenwelt wird der verbotene Turm gezeigt, durch den Jakub Frau Holle´s Welt verlässt und wieder zurück auf die Erde fliegt. Es handelt sich hierbei um zwei verschiedene Dimensionen, vergleichbar mit indianischer Kosmologien: zwei Welten, die parallel existieren, wobei aber eine nicht von „normalen Menschen" wahrgenommen oder betreten werden kann (vgl. Mader 2008:45) *„Rituelle SpezialistInnen, vor allem SchamanInnen, können die Grenzen zwischen den beiden Welten überschreiten und auf besondere Weise mit den „anderen Wesen" kommunizieren."* (Mader 2008:45). Demnach handelt es sich bei Jakub um einen Handlungsträger mit solchen Fähigkeiten.

3.2 Jakub als Trickster

„Der Trickster ist eine schillernde Persönlichkeit, die geschmeidig auf dem schmalen Grat zwischen Richtig und Falsch, Gut und Böse, Ernst und Clownerie, Erfolg und Versagen balanciert. (..) Er versinnbildlicht das Chaos in seiner negativen wie positiven Dimension, gerät immer wieder in Konflikte mit jenen mythologischen Gestalten, welche die gesellschaftliche und kosmische Ordnung verkörpern, verfügt aber auch selbst über große schöpferische Kraft, die Gutes wie Böses bewirken kann und die Welt in Bewegung hält." (Mader 2008:32) Der Held in dieser Geschichte ist eindeutig Jakub, der von klein auf als klug, furchtlos und unbekümmert dargestellt wird. Schon als Mensch ist er in der Lage, ein nicht-menschliches Wesen zu sehen (Frau Hippe) und mit ihr zu kommunizieren, was ihn zu einem Handlungsträger mit besonderen, schamanischen Fähigkeiten werden lässt. Um das zu er-reichen, was er möchte, wendet er Tricks an und bewegt sich dadurch an der Grenze zwischen Gut und Böse. So verabreicht er zum Beispiel Frau Holle ein Schlafmittel, damit er ihr den Schlüssel zum verbotenen Turm stehlen kann, um so aus ihrem Reich zu entkommen. Davor setzt er die schlafende Frau Holle noch an die Orgel, damit er mit dem von ihr erzeugtem Wind und dem gestohlenen Bettbezug als Transportmittel auf die Erde geblasen wird. Auf der

Erde zeigt er sich gewitzt und wortgewandt, um sich bei Elisabeths Familie beliebt zu machen und so seiner Geliebten nahe sein zu können. Jakub setzt bewusst seine magischen Fähigkeiten ein, indem er zum Beispiel mit seinem Flötenspiel Karpfen dazu bringt, aus dem Wasser zu springen, als das Glück beim Fischfang ausbleibt. Er trickst, indem er Frau Hippe dazu zwingt, ein Rudel Wölfe zu töten, deren Felle er dann der Familie als wertvolles Geschenk macht. Offenbar ist Jakub auch absolut kälteunempfindlich, da er gerne im Winter ohne Hemd durch die Gegend läuft.

Ganz deutlich wird bei Jakub dem Trickster auch, wie er die von Arnold van Gennep beschriebenen *Les rites de passages* (Übergangsriten) durchschreitet, in dem er die drei Hauptphasen erlebt: Separation/Trennung (von der Menschenwelt, durch den Einzug in Frau Holles Reich), Schwellenzustand/Übergang (die zeitlose Zeit bei Frau Holle, bei der er vieles Nichtalltägliches lernt) und zuletzt die Inkorporation/Wiedereingliederung (wenn er zurück auf die Erde geht, um zu heiraten) (vgl. Mader 2008:133)

Ein weiterer Trickster in dieser Verfilmung, der zwar nur eine kleine Nebenrolle spielt, aber trotzdem Erwähnung finden sollte, ist der Prinzipal, der Chef einer Wanderzirkusgruppe. Er kann fliegen und ist ebenfalls dazu in der Lage, Frau Hippe zu sehen. Zu Beginn des Filmes sterben alle Mitglieder des Wanderzirkus, der später aber erneut mit diesem Prinzipal auftaucht. Jakub fragt den Prinzipal um Rat und dieser sagt dem jungen Liebespaar eine gute Zukunft voraus. *„Der Zirkus ist unsterblich, er wird ewig leben"* (Film: Frau Holle) sagt der Prinzipal kurz bevor er ein zweites Mal stirbt. Und so schließt sich der Kreis.

4. Conclusio

Die Erzählungen von einer Frau Holle wurden schon in der Vergangenheit viel beschrieben und besprochen, wobei sich die hier analysierte Verfilmung von der Darstellung der am geläufigsten Erzählung alá Grimm erheblich abhebt. Das Verhältnis zwischen Mythe und Natur wird auch im Film deutlich hervorgehoben; es geht hier um den Kreislauf der Natur mit ihren vier Jahreszeiten aber auch um den Kreislauf der Menschen beginnend mit einschneidenden Erlebnissen wie Geburt-Hochzeit-Tod oder Trennung-Übergang-Wiedereingliederung. Laut der naturmythologischen Schule sind Mythen Metaphern für natürliche Prozesse (vgl. Mader 2008:40) und nach Max Müller sollen auf diese Weise Naturphänomene erklärt werden (vgl.

Mader 2008:41). Ebenso werden zwei Dimensionen, zwei Welten gezeigt, die der Menschen und die Welt von Frau Holle, die von normalen Menschen nicht betreten oder überhaupt wahrgenommen werden kann (vgl. Mader 2008:45). Jakub, der als Handlungsträger nur in diesem Film vorkommt, nicht aber in den Volkserzählungen über Frau Holle, ist ein Mensch, der die Grenze zwischen diesen beiden Welten überschreitet und so im Laufe der Geschichte auch magische Fähigkeiten erwirbt. (vgl. Mader 2008:45).

Als Trickster entspricht Jakub klassisch diesen Eigenschaften: Er ist gewitzt, klug, wort-gewandt, fällt durch seine Intelligenz und sein geschicktes Verhalten auf und ist immer wieder dazu in der Lage, schwierige Situationen mit Leichtigkeit in den Griff zu bekommen. Er balanciert zwischen Gut und Böse, kommt in Konflikte mit mythologischen Gestalten und verbreitet Chaos mit einer schöpferischen Note. (vgl. Mader 2008:32). Ebenso verfügt er über magische Fähigkeiten und durchläuft in der filmischen Erzählung *Les rites de passages* alá Arnold van Gennep. Als zweite interessante Tricksterfigur, der im Film den Kreislauf des Lebens repräsentiert, ist der Prinizpal, der *"ewig lebt"* (Film: Frau Holle). Abschließend kann gesagt werden, dass der Film von Kreisen durchzogen ist, die sich letzten Endes wieder schließen.

5. Bibliographie

Filmographie:

Frau Holle (Originaltitel: Perinbaba). Tschechoslowakei/Deutschland 1985. Regie: Juraj Jakubisko.

Literaturverzeichnis:

Göttner-Abendroth, Heide. 2005. Frau Holle – Das Feenvolk der Dolomiten. Die großen Göttinnenmythen Mitteleuropas und der Alpen. Königstein/Taunus: Ulrike Helmer Verlag.

Mader, Elke. 2008. Anthropologie der Mythen. Wien: Facultas.

Paetow, Karl. 1964. Volkssagen und Märchen um Frau Holle. Hannover: Adolf Sponholtz Verlag.

Waschnitius, Viktor. 1913. Perht, Holda und verwandte Gestalten. Ein Beitrag zur deutschen Religionsgeschichte. In: Sitzungsberichte der Kais. Akademie der Wissenschaften in Wien. Philosophisch-Historische Klasse. 174. Band, 2. Abhandlung. Wien: Hölder in Komm.

Internetquellen:

Frau Holle von Wilhelm Grimm von Juraj Jakubisko mit Giulietta Masina; Tabias Hoesl. URL: http://www.buch.ch/shop/home/artikeldetails/frau_holle/wilhelm_grimm/EAN4260181985787/ID23482680.html (Zugriffsdatum: 25.09.2012).

Perinbaba (1985). URL: http://www.imdb.com/title/tt0089800/ (Zugriffsdatum: 26.9.2012).